Rainar Nitzsche: Gott

AF215022

Der Autor

Dr. Rainar Nitzsche wurde am 27.12.55 in Berlin geboren, ging im Saarland zur Schule und lebt in Kaiserslautern, wo er Biologie studierte und über Brautgeschenke bei Spinnen promovierte. Er ist gelernter Buchhändler und gründete 1989 den Rainar Nitzsche Verlag, in dem auch seine eigenen Bücher erschienen. Seit 2015 veröffentlicht er als Autor seine Spinnenbücher, Belletristik und Kunstbücher in Buchform und als E-Books bei BoD, bookrix und neobooks. Seit seiner Jugend fotografiert er Tiere, insbesondere Insekten und Spinnen. »Spinnerei« nennt er seine belletristischen Werke (Lyrik und vor allem Kurzprosa).

Zum Buch

In *Gott und die Großen - Kleinen Götter* habe ich im Laufe vieler Jahre entstandene Texte (Gedanken, Lyrik und Kurzprosa) über den *einen* Gott, seine Engel sowie Große und Kleine Götter zusammengestellt. Die Informationen in den Einleitungen der Kapitel entstanden 2019, sie stammen aus unterschiedlichen Quellen, wie z. B. wikipedia. Denn ich bin weder Theologe noch Religionsforscher und schon gar nicht Gott, sondern nur ein kleiner Biologe und Dichter, ein Mensch - und doch wie wir alle ein Teil von Ihm.

Die Themen: Gott als Weltenschöpfer, seine Existenz in den Kosmen und sein Wirken als Weltenvernichter. Die Flügel der Engel. Die Gefallenen Engel und der Teufel. Wir, das sind Wesen dort oben, außerhalb und doch lebendig in allen Welten. Bin ich ein Teil von ihnen, geboren als Mensch, der alles, was er erfährt mit ihnen teilt? Wurde ich gesandt, bin ich gegangen oder aber gefallen und bin nun hier, wo meine Sehnsucht mit dem Alter wächst, nach meinem irdischen Tod in den Himmel zu ihnen, zu Uns zurückzukehren? Und dann sind da noch die Kreativen unter uns Menschen, die Romane schreiben und Filme machen, in deren Welten Wesen leben, die ihre Geschöpfe, ihre Kinder sind. Und sie können mit ihnen tun, was immer sie wollen, sind für sie Schöpfer, Hüter und Mörder, spielen Gott und halten nur ihre / unsere Welt für die einzig wahre Realität.

Rainar Nitzsche

GOTT

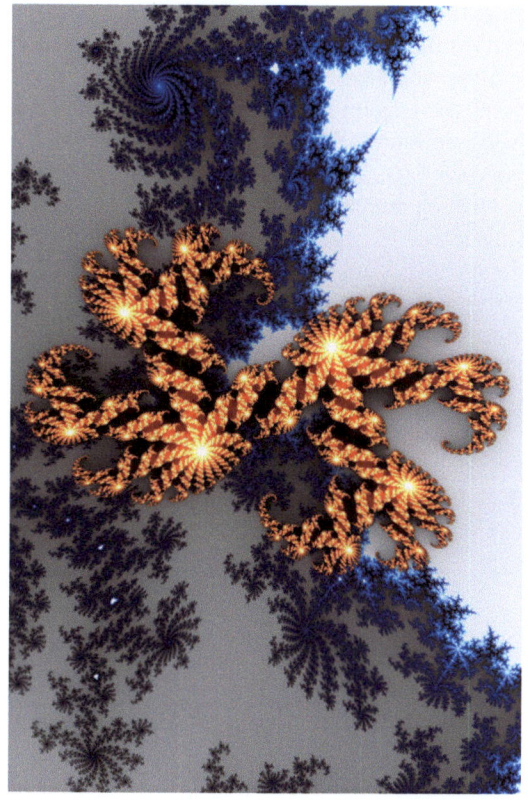

und die Großen - Kleinen Götter

Gedanken und Gedichte mit Fotokunst

Die Deutsche Nationalbibliothek verzeichnet diese Publikation in der Deutschen Nationalbibliografie; detaillierte bibliografische Daten sind im Internet über dnb.d-nb.de abrufbar.

Impressum
Rainar Nitzsche: GOTT und die Großen - Kleinen Götter
Computersatz: Dr. Rainar Nitzsche.
Fotokunst von Rainar Nitzsche, geschaffen aus Fotos von ihm und Gemälden von Elke Bouché.
Frontcover: Löwenzahn kosmisch blau Titel: Agelena fraktal, FlammenwesenHimmel (S. 10), Hoch aus den Himmeln (S. 14), ElkeMirrorWaves (S. 22), Feuerblume (S. 36), Engel auf Erden (S. 41), Pusteblumenhimmel (S. 55), Rainar82 solar (S. 75), BlaugrauLeuchten (S. 80).

© 2019 Herstellung und Verlag:
BoD – Books on Demand, Norderstedt
ISBN 9783749470648

Inhalt

Vorwort

Ich wurde getauft und konfirmiert, war - und bin also noch immer - ein evangelischer Christ.

Dann las ich wegen meiner Namensähnlichkeit Friedrich Nietzsches *Also sprach Zarathustra,* wurde als Biologe zum Atheisten und trat während des Studiums aus der Kirche aus, um den Kirchensteuerabzug bei meinem Minilohn zu sparen. So ist es in meinem ersten Buch *wir ... menschen der erde*, das 1981 erschien, nicht GOTT, sondern die Natur, die alles lenkt.

Mit zunehmendem Alter wuchs der Glaube an GOTT, nur weil mir bewusst ist, dass ich nicht ewig leben werde und den größten Teil meines Lebens hinter mir habe?

Heute bin ich Pantheist, d. h. ich glaube, dass GOTT in allen Dingen und allen Lebewesen, allüberall ist, in allem, was existiert in diesem und allen anderen Universen, gestern, heute und morgen und jenseits von Raum und Zeit. Also sind wir Menschen nur ein winziger Teil GOTTES. Doch das schließt nicht aus, an einen persönlichen GOTT und seine Propheten zu glauben, von denen einer von den Christen GOTTES Sohn genannt wird.

Und in den letzten Jahren, zum Lebensende hin, fließen Tränen, weine ich, wenn ich vom Sterben und vom Tod lese, in Filmen das Himmelstor und den Übergang sehe, einen Blick ins Jenseits werfe, so wie es sich viele von uns vorstellen, und der Musik lausche. Und so mag es sein, weil ich nicht mehr lange leben werde oder aber weil nach und nach die Erinnerung zurückkehrt an die Zeit vor meiner Existenz als Mensch hier unten, weil ich heimkehren werde zu Wesen, deren Teil ich war und bin und wieder sein werde. Und so geschieht es bei Liedern von Enigma, gregorianischen Gesängen, *Knockin on Heaven's Door, Molly Malone, Stairway to Heaven* und den Bildern in *Hinter dem Horizont*.

GOTT

Das ist der Eine

- GOTT GÖTTIN GOTT -

ER SIE ES

alles zugleich

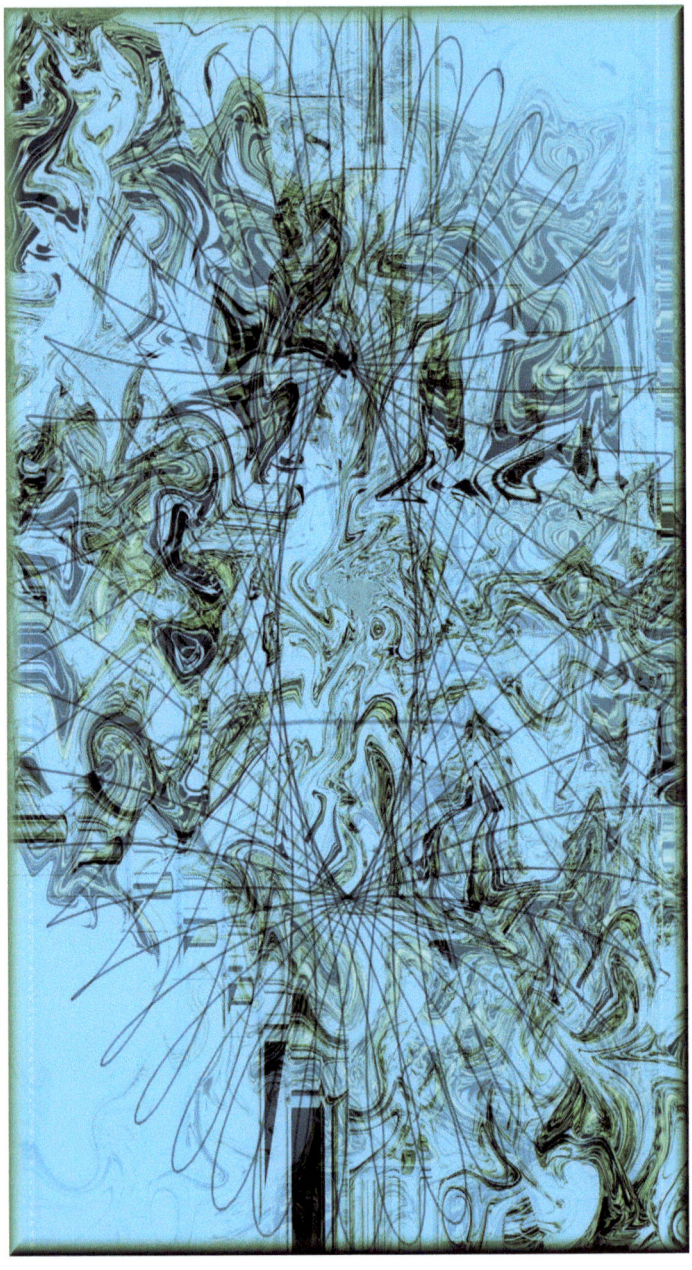

GOTT in den drei großen Weltreligionen

Gibt es GOTT?

Ja und nein!

Niemand hat GOTT jemals erblickt, also gibt es Ihn nicht!?

Naturwissenschaftlich gibt es keinen Beweis für GOTT, aber auch keinen dagegen, ist seine Existenz also nicht nachweisbar. Die Welt gehorcht physikalischen Gesetzen. So lautet das Dogma.

Für alle Gläubigen jedoch existiert GOTT in unterschiedlichen Erscheinungsformen. Und alle denken, dass ihre Vorstellung von Ihm die einzig Wahre ist. Alle anderen sind Ungläubige und müssen bekehrt, vor den Höllenqualen gerettet werden. So war es, so ist es. Wird es immer so sein?

In vielen von uns Menschen ist GOTT lebendig. Und gäbe es ihn in welcher Form auch immer außerhalb von uns nicht, so existiert er doch *in* uns, haben wir *ihn* erschaffen. Also wird er immer sein, denn was ist, das ist für immer, unabhängig davon, dass wir Menschen und alle anderen Lebewesen Raum im Zeitenstrom sind und so vieles vergessen wurde, vergessen wird, vergessen werden wird und letztendlich alles vergeht.

Ein Gott

Es gibt nur *einen* Gott im Judentum, Christentum und Islam, aber auch in den Lehren von Zarathustra im alten Persien (Ahura Mazda) und bei Echnaton in alten Ägypten (Aton).

Es gibt nur einen Gott, und er ist so oder so oder so:

1 Ein persönlicher Gott, der die Welt erschaffen hat und sie erhält und lenkt.

2 Der Schöpfer der Welt, der nicht mehr eingreift und sich nicht offenbart.

3 Gott in allen Dingen und Wesen und Taten.

Gottes Namen

Und es ist nicht so, wie einst einer schrieb, dass die Welt untergeht, wenn erst alle Namen genannt sind. Denn es sind unzählige hier und dort - allüberall, auf dieser einen Erde und all den Welten in diesem und all den anderen Universen - im Gestern, Heute und Morgen.

J H W H: Sprich Adonai, das ist Jahwe. 72 Namen kennen wir Menschen von ihm, so heißt es. Elohim ist Gott, der Schöpfer der Welt.

Gott*: Das ist der Eine und seine Dreifaltigkeit im Christentum: Vater, Sohn und Heiliger Geist.

Allah: Das ist Al-ilah. Mehr als 99 Namen für seine schönsten Eigenschaften kennt der Koran, doch den Einen kennt kein Mensch, denn er ist anders als alles von ihm Erschaffene. Also sollst und kannst du dir kein Bildnis von ihm machen. Vor der Zeit ist Allah und nach Ablauf der Zeit wird er sein. Er ist der Schöpfer der Welten, doch kein Teil der materiellen Welt. Er hat kein Geschlecht und keine Kindern und niemand ist wie Allah. Er ist allgegenwärtig, allmächtig, allwissend und weiß alles, was je geschah, geschieht, geschehen wird.

*: Den Begriff Gott gibt es übrigens schon länger, jedoch nur bei den Germanen. Andere Namen lauten: God, Got, Gud, Guth. Gott ist vom Namen her ein Wesen, dem Tränke geopfert werden. Ursprünglich wurde Gott als ungeschlechtlich angesehen und erst später männlich.

GOTT GÖTTIN GOTT

Nenne die Nichtnamen

die niemand n(k)ennen kann!

Nirgendwo ein GOTT - Ein GOTT - Alles GOTT!

J H W H - GOTT – ALLAH

ist nicht Mensch, hat kein Geschlecht

und doch haben wir Namen für ihn

und sprechen und preisen und fürchten

GOTT GÖTTIN GOTT

- Er Sie Es – alles zugleich

GOTT, das ist Adonai, Allah, Dominus, El, Eloah, Elohim, Herr Zebaoth (der Herr der Heerscharen), JHWH (Jahve, Jehova).

GOTT, das ist der Allerbarmer, Allgütige, Allmächtige, Allvater, Allwissende, Er, GOTT der Herr, Gottvater, Heilsbringer, Herr, Himmelsfürst, der liebe GOTT, Schöpfer, Vater und Vater im Himmel.

Allahu akba, GOTT ist groß. Es gibt nur einen GOTT und das ist ALLAH, doch zahlreiche Menschennamen für ihn. Sein Name ist JHWH und Elohim zugleich. Niemals darfst du ihn nennen. Also sprich Adonai.

Also singen wir mit denen, die von den Sternen einst kamen und die wir geflügelt malen und Engel nennen, unser Halleluja, lobet den Herrn, gepriesen sei GOTT!

Wir alle sind nur Menschen. Moses und Jesus und Mohammed und einige andere mehr sind Seine Propheten. Und hätte GOTT uns nach Seinem Bild geschaffen, wessen Abbild wären dann die, denen wir morgen dort draußen oder aber auch hier unten auf Erden begegnen werden, die da unsere Brüder im Geist von fernen Sternen sind?

Ja, auch ich bin nur ein Mensch, winzig und geistig so beschränkt. Alles ist Gott, denke ich ganz pantheistisch, und Gott ist in allen Dingen, während dieser oder jener seinen Glauben für den wahren hält. Vielleicht hat er ja Recht, haben wir alle Recht und Unrecht zugleich.

Schreien wir uns an, töten wir uns nun, weil wir anderen Glaubens sind?

Bekehren wir die Ungläubigen mit Gewalt, damit sie in den Himmel kommen?

Nichts mag dem Tod folgen oder aber Fegefeuer, Hölle, Paradies, die Wiedergeburt?

Oder aber alles mag geschehen, je nachdem, woran der eine oder andere glaubt.

Wer weiß, denke ich still bei mir.

Wir alle hören, sehen – fühlen. Und alles, was existiert, entsteht, vergeht.

Also weine ich.

Buddha aber lächelt.

Weltenschöpfer

Eins und Alles

Am Anfang war das Wort

Und das Wort hieß:

»Werde!«

Und Alles wurde

aus Einem

geboren

Es werde!

GOTT spricht: Es werde!
Also wird alles aus einem

Am Anfang war ein lautloser Knall.
Und daraus wurden Raum und Schwärze.

Und aus der Schwärze wurde Licht geboren – Sternenfeuer, ein neuer Feuerplanet. Wärme in der eisigen Kälte, Funken in der schwarzen Weite.

Und dazwischen ist alles – Materie, Leben, Geist, Seele.

Und einer hier und dort sieht alles in sich mit geschlossenen Augen und - weint.

Am Ende sind Schwärze und Stille in diesem einen von so vielen Universen.

So sehen es Menschen
gefangen in Raum und Zeit

Geburt der Welt

»So sei es!«

sprach ich

der Herr

mein Gott

Und es wurde Licht

und es wurde Nacht

und all die Farben

brachen brennend hervor

aus meinem zerfallenden Ich

So wurde alles

aus Einem geboren

so wurden wir

so singen alle Kosmen

meinen Namen ohne Ende

Preiset die Herrin

preiset den Herrn

preiset den Gott aller Dinge

der alles in allem ist

und immer war und ewig ist

Amen und Om

Meine Namen

Im Anfang war alles eins
Einsam dachte ich meinen Namen in die Nacht
Und meine Seele weinte Tränen der Unsterblichkeit

»Nein!«, sprach ich irgendwann
und schuf das Chaos Vielheit

Nun also träumen und singen
sprechen und rufen und schreien
schreiben und lesen alle Dinge und Wesen
meine Namen, die sind Legion

Urknall

Am Anfang das Eine
träumend träumend
und träumend im Nichts

Dann Zeit und Raum
Gleichgewicht und Stille
Kosmos und Chaos
Leben
geboren aus Sehnen
geborgen noch in Träumen

Dann das Erwachen:
Berstender lautloser Knall
wachsend und werdend
werdend seiend
werdend zu Leere und Staub
Raum und Zeit
Sternengeburt
und Leben und Tod
und ...

Gottes Sein

Eins

Eins ist

in allen Dingen

Und das EINE

und ALLES

ist

Gott

Der die das

Ich bin
der sein wird

Ich bin
der Schrei
aus der Tiefe

Ich bin
die ewige Frage
nach mir

Und ich bin
das da träumt
die Welten
und mich

GOTT

Einer im All

und darüber hinaus

Alles in einem

denn es kann nur

einen GOTT geben

Und das ist ...

(Viele Namen zu vielen Zeiten in vielen Welten)

Wer oder was ist GOTT?

Alles dort oben: Die Götter, die Engel, ein alter Herr, sein Sohn und der Heilige Geist …

Alles dort unten: Satan, Teufel und Dämonen.

Und das Viele in der Mitte: Wir alle, unsere Welten.

Wer oder was ist GOTT?

Das Gestern: der Glaube an die Götter.

Das Morgen: Ein GOTT, wir alle in Einem, alles eins

Und das Viele dazwischen: die zahlreichen Götter heute auf Erden und all den anderen Welten.

Wer oder was ist GOTT?

(keine Worte, keine Bilder, keine Gerüche, kein Ertasten, kein …)

Wir alle sind ein Teil von Ihm.

GOTT in Allem - Alles

Gott ist alles, also auch Mensch und Tier und Pflanze und Ding.

Also umfasst Gott auch die Schwärze, die sich ausgestoßen glaubt und sich so selbst isoliert.

Also ist Gott all das, was Kleine Götter, Menschen und all die anderen Wesen gut nennen.

Also ist Gott zugleich all das, was sie böse nennen.

So ist es seit Anbeginn und bis zum Ende aller Zeiten und Kosmen - für immer und ewig.

GOTT und wir

Wir alle

sind

GOTT

Alle aus Einem

Eins in Allen

so lautet

die göttliche Erkenntnis

Dies zu wissen

zu fühlen

zu leben

zu werden

zu sein

ist

Erleuchtung

Ich bin ...

Ich bin das tanzende Chaos: Blitze zuckend, donnernd, alles zerstörend.

Ich bin das Beben der Erde, das Toben des Sturmes und das Brausen in den Blättern der Bäume.

Ich bin der Schrei von Geburt und Tod.

Ich bin das Sprießen und Wachsen der Pflanzen, Tiere, Menschen und all der anderen Erdenwesen.

Ich bin strahlender Sonn und Schwärze, bin Raumeskälte.

Ich bin das ewige Lächeln der Erleuchtung.

Ich bin, das sein wird, war und ist.

Mein Name ist Alles

Mein Name ist Nichts

Mein Name ist Gott

Lächeln - innen und außen

Wenn das Eine

das ist Gott

die Teile in sich wahrnimmt

die erkannt haben

was sie sind

wer sie sind

wo sie sind

wie sie sind

die erleuchtet sind

dann lächelt

Er Sie Es

Metameer

Dort liegt ES und träumt die ewigen Träume
Dort liegt Es und träumt
am Grunde des metakosmischen Meeres

Und seine Träume sind Blasen
die steigen auf
die sammeln sich im Metameer
Sie dehnen sich aus
in Inflation und Expansion

Eine Blase nennen wir
Kosmos

Von oben – von unten

Stimme von oben:

»Es ist

wie es sei!«

Stimme von unten:

»Es sei

wie es ist!«

Gelesen

GOTT würfelt nicht
Irgendwo las ich es
irgendwer schrieb es irgendwann auf
Und was fiel mir ein bei diesem einen Satz?

Zwei Worte nur
die da lauten:
Oder doch?

»Woher weißt du, wer ich bin?«

Keine Stimme flüstert in mir, nicht die Schlangensprache, kein Grillenzirpen, sondern ein Spinnenmänner-Zupfen und –Beinereiben, das Zittern der großen Vogelspinnen, die auf dem Boden leben, das kein Zeichen ist aus einem Mund, sondern ein ...

Alles ist GOTT.

T-her ist die Schwärze, das Ausgestoßene aus den Himmeln, die strahlend sind und weiß.

Und die Universen sind Höllen mit ein wenig Himmel darin, Schwärze.

Wir sind

Ich bin
der sein wird

ich bin
die war seit Anbeginn

Ich bin
das ewig ist

Weltenvernichter

Das Eine

Im Anfang

war

das Eine

Also alles in Einem

und Vieles daraus

ist Werden Vergehen

Im Ende

ist

das eine Nichts

Höre ich wieder einmal seit langem Klanggemälde von Kitaro.

Weine ich ergriffen, denn ich fühle das Leiden aller Wesen und verstehe, dass alles mit einem Schlag vorbei sein könnte.

Vielleicht so: Ein größerer Meteorit, der die Erde trifft und die Oberfläche verbrennt.

Ja, und mehr.

ER – SIE – ES – GOTT erwacht aus einem Traum, einem Alb voller schwarzer Universen und Höllenwelten voller Kälte und Dunkelheit und Kampf und Leid (Irgendwo sind da drin auch Menschen!).

Und alles endet, denn der Traum, dieser eine von wievielen?, ist ausgeträumt.

Keine Menschen – keine Erde – kein Sonnensystem – keine Galaxie – kein Universum – kein Multiversum ...

Ende aller Höllentraumwelten.

Ist Gott tot?

Mehr als ein Jahrhundert ist es schon her, da meinte einer, ein kleiner, kein Rainar: GOTT ist tot. Er ist gestorben. An seinem Mitleid mit den Menschen ist er gestorben.

Doch muss es nicht heißen: GOTT lebt, denn wir leben? Doch GOTT wird sterben, denn wir sterben!

Wenn das Unfassbare, Ungreifbare, alles Denkende und doch nichts-denkend Scheinende aber GOTT genannt wird, wie soll ich es dann fassen?!

Doch warum ist GOTT immer nur Eins, nicht Vieles? Warum ist nicht Alles gleich GOTT: der ganze Kosmos, ja, auch wir selbst. Auch das Einzelne ist dann GOTT, und viel Blut floss wieder mal umsonst. Denn alle hatten recht, alle haben recht: Die an GOTT glauben. Wen sie auch als GOTT bezeichnen, er ist es, er ist Einer, jener da, aber auch dieser da. Er ist Alles: diese da und jene da, aber er ist auch Nichts.

Also haben auch die recht, die sagen: Warum brauchen wir GOTT? Er ist nicht nötig, er existiert nicht!

Aber warum und woran soll GOTT sterben?

Manche sagen: Wärme heißt Tod. Denn Leben braucht Luft zum Atmen. Und wie die warme Luft der Lunge sagt: »Ich bin ohne Sauerstoff!«, so sagt die Energie, die Wärme ist: »Ich bin ohne Leben, ich bin Tod!« Also sagen solche: »Das All dehnt sich aus, stirbt den Wärmetod.«

Wenn das All aber GOTT ist, so stirbt auch GOTT?

Ist er der Zeit unterworfen?

Und falls doch, so kann ein Auseinandergehen und ein Zusammenziehen des Ganzen für ihn doch nicht mehr als ein Atemzug sein. Und so pulsiert das Universum, das eine, in dem wir existieren und die anderen auch, wenn es sie denn gibt.

ENGEL

Die dort oben leben
und die Gefallenen
hier unten auf Erden

Von Engeln und Erzengeln

Engel, Angelos, das sind die von GOTT geschaffenen Boten, Geistwesen, die hinab zu uns Menschen geschickt werden. Flügel tragen sie auf dem Rücken, heute noch in den Darstellungen der Menschen wie auch damals die beiden Engelsskulpturen des Tempel Salomos.

Die Cherubim (Singular: Cherub) sind menschenähnliche Wesen. In der Bibel sind es hochrangige Engel, die für besondere Aufgaben herangezogen werden. Sie besitzen keinen Menschenkörper. Nach dem Sündenfall und der Vertreibung von Adam und Eva aus dem Garten Eden versperren sie als Wächter mit dem lodernen Flammenschwert den Zugang zum Paradies. So wird der Baum des Lebens für Menschen unerreichbar.

Im Buch Ezechiel findet sich die Beschreibung einer Begegnung: »Und mitten darin war etwas wie vier Gestalten; die waren anzusehen wie Menschen. Und jede von ihnen hatte vier Angesichter und vier Flügel. Und ihre Füße waren wie Stierfüße. Ihre Angesichter waren vorn gleich einem Menschen und zur rechten Seite gleich einem Löwen und zur linken Seite gleich einem Stier und hinten gleich einem Adler.«

Zwei Cherubim aus Gold beschirmen mit nach oben ausgebreiteten Flügeln und einander zugewandten Gesichtern die Bundeslade.

Die Seraphim (Singular: Seraph) sind sechsflügelige Engel. Mit zwei Flügeln bedeckten sie ihr Gesicht, mit zwei bedeckten sie ihre Füße und mit zwei fliegen sie. Licht ausstrahlend werden sie dargestellt, denn sie entzünden und brennen selbst.

Erzengel, Archangelos, die Uranfänglichen, das sind die Hauptboten GOTTES, die GOTT am nächsten stehen. Bibel und Koran nennen vier Namen. Ihre biblischen Namen lauten: Gabriel, Michael, Raphael und Uriel. Gabriel ist der Erklärer von Visionen und Bote Gottes, der den Cherubim und Seraphim vorsteht. Und er ist sie, die Engelin der Verkündigung, der Auferstehung und der Gnade. Michael ist das gewaltlose Schwert GOTT. Er schützt das jüdische Volk, kämpft mit dem Satan um Moses Leichnam. Er wird in der Apokalypse, die die Erfüllung einer Wahrheit, dunkel, geheimnisvoll und rätselhaft ist, Sieger über das Tier aus dem Meer mit der Zahl 666, über den Drachen, den Teufel sein. Also ist er der Engel des Weltgerichts. Raphael, das ist der Arzt GOTTES. Uriel aber ist das Feuer GOTTES.

Und auch der Koran nennt vier Erzengel: Azrael, Djibril, Israfil und Mika'il. Azrael, das ist der Todesengel. Er schreibt die Namen der Neugeborenen auf und streicht die der Gestorbenen wieder durch. Djibril, das ist Gabriel, der Übermittler der göttlichen Weisheit. Er ist der Botschafter zwischen GOTT und den Propheten, der Engel der Offenbarung, der Überbringer des Koran. Er ist Ruh al-Qudus, der Geist der Heiligkeit oder aber Ruh al-Amiyyn, der Geist der Zuverlässigkeit. Israfil, das ist der Engel des Jüngsten Gerichts. Mika'il, das ist der Engel der Naturereignisse.

Engel

Wir schmecken und tasten
Wir riechen, wir hören, wir sehen
Wir fühlen und wissen
Wir weinen und lachen - wir lächeln
Wir schweben, wir schwimmen
wir gehen, laufen und springen
So ziehen wir dahin
durch die Welten ohne Zahl

Ein Engel wird geboren

Wenn du es begreifen könntest, doch als neugeborenes Menschenbaby mit noch wachsendem Gehirn kannst du es nicht, also schreist du wie all die anderen auch, die sind wie du, die niemals sind wie du, denn du bist nicht wie sie, ja, wenn du es begreifen könntest, was wäre dann?

Wenn du es nicht vergessen hättest, dann würdest du das Fehlen deiner Flügel bemerken, dann könnte dein Geist Welten erschaffen und deine Seele lächeln bei all dem Glück und weinen bei all dem Leid aller Wesen und Dinge, die du als kleiner Geist überschauen kannst.

So aber ... lebst du als Mensch unter Menschen.

Viel später erst mag es geschehen, dass du dich daran erinnerst, wer du bist.

Dann schaust du mit in Demut gesenkten Augen, Vorderkörper und Kopf tief zur Erde geneigt, deine Stirn berührt den Staub, als wärest du Muslim und betetest zu Allah. Du bist es ja, bist Muslim, Christ, Jude und Buddhist, bist alles zugleich.

Die Flügel der Engel

»Wenn die Engel Flügel hatten, wo waren sie?«, fragte er sich jetzt.

»Auf dem Rücken wie auf den alten Gemälden und bei den Insekten der Erde?

Oder aber waren es die umgewandelten Arme wie bei Fledermäusen und Vögeln?«

Dies fragte er sich am Morgen eines trüben Wintertages, während um ihn herum und tief in ihm ein Lied aus vergangenen Tagen erklang, das er einst schuf aus sich (aus sich?) vor Jahren. *Alien intruders* hatte er es genannt.

Dies alles dachte er und erinnerte sich nicht. Denn jetzt war er ein Mensch. Und jetzt ist jetzt.

Und einst ist längst vergangen, als sie ihn aus den Himmeln stürzten in tiefste Höllen.

So wurde er als Mensch auf Erden wiedergeboren und wuchs heran und wurde, was er ist, und erinnert sich von Mal zu Mal immer mehr, jetzt, wo sich sein Leben dem Ende zuneigt – und weint, wenn er den gregorianischen Liedern lauscht und *Knockin' on Heaven's Door* hört und sieht und wenn die Rede vom Tod ist und wenn er Menschen sterben sieht. Denn sein Ende ist nah, das Leben auf Erden bald vorbei. Dann aber ist alles aus oder wird sein wie einst vor kurzer Zeit, vor seiner Geburt.

Flügellos

Die Flügel der Engel, die es nie gab.

Doch doch, die Engel schon, aber nicht ihre Flügel auf dem Rücken.

Also sind sie nur Symbol fürs Fliegen, ein Raumschiff gar?

Also sind sie keine Menschen mit Flügeln, keine irdischen Wesen, sondern Aliens, eben Himmelswesen von andernorts und nicht aus dieser Erde geboren!

Und das fehlende Geschlecht, das nie gezeigt wird.

Weil es niemand sah? Oder weil es nicht existiert?

Also heißt es nicht »der Engel«, noch »die Engelin«, sondern »das Engel«, Es.

Oder aber sind sie beides, männlich und weiblich und sächlich zugleich oder aber mal so oder so, ganz anders?

Also nennen wir einen Engel ganz wie GOTT Er Sie Es.

»Schau nicht hin!« ruft eine Stimme in dir.

Du aber tust es doch.

Mit offenem Mund und offenen Augen, die jetzt brennen, stehst du noch immer da in Seinem gleißenden Licht.

Und das ist das letzte, was du in diesem Leben siehst.

Nein, du schreist nicht. Da ist nirgendwo ein Schmerz, aber auch kein Lachen, kein Lächeln.

Und so vergehst du in Stille.

Und es ist, als wärest du nie dagewesen – scheinbar!

Iblis und die Gefallenen Engel in der Hölle

Iblis / Schaitan, so lauten die Namen des Teufels im Koran. Schaitan ist wie der hebräische Satan, der Widersacher, Iblis ist wie der griechische Diabolos der Verwirrer, Teufel.

Nachdem GOTT Adam erschaffen hatte, befahl er den Engeln, sich vor dem ersten Menschen niederzuwerfen. Alle taten es, nur Iblis weigerte sich und sprach: »Ich bin besser als er. Mich hast du aus Feuer erschaffen, ihn hast du (nur) aus Ton erschaffen.« Daraufhin wird Iblis aus dem Himmel auf die Erde verbannt, doch seine weitere Strafe wird bis auf den jüngsten Tag aufgeschoben.

Als Verführer erscheint Iblis immer als Schaitan, der Einflüsterer, der sich in die Herzen der Menschen einschleicht. Er ist der, den man hört, aber niemals sieht. Er treibt die Menschen zum Bösen. Einst verführte er Adam, trotz des von GOTT ausgesprochenen Verbots von dem Baum der »Ewigkeit und eines Reiches, das nicht vergeht,« zu kosten - mit dem Argument, dass GOTT mit dem Verbot nur verhindern wolle, dass sie zu unsterblichen Wesen würden.

Er ist einer und viele (Satane), die den Menschen in die Irre führen. Mit Wein, Losspiel und Opfersteinen sät er Hass und Feindschaft zwischen den Muslimen und versucht sie vom GOTTESgedenken und Gebet abzuhalten. Wer den Koran rezitiert, sucht Zuflucht in GOTT vor dem verstoßenen Satan.

Auch Menschen und Dschinn, die Böses tun, werden Schaitan genannt. Satane hingegen sind die Nachfahren von Iblis, die er auf Bitte zur Unterstützung zum Verführen der Menschheit von GOTT erhielt. Doch zu ihnen zählen auch Gefallene Engel.

Luzifer ist der Träger des Lichts, ist der Höllenfürst, ein gefallener Engel, der sich nicht mehr der göttlichen

Herrschaft unterordnen wollte. Er hat ein Kontingent von Höllen-Engeln mit sich genommen, die als Teufel und Satan dort regieren.

Gefallen

Gefallen. Aus den Himmeln geworfen.

Die einen nennen uns Engel, die anderen Dämonen.

Geboren in Menschenkörpern.

Doch wir sind nicht so, wie uns Menschen sehen.

Wir sehen aus wie Menschen, wir sind anders.

Und jeder von uns sucht den anderen, denn wenige sind wir nur unter Milliarden.

Denn wir sind so allein, jeder für sich und alle zusammen. Auf dieser und anderen Welten, zu jener und anderen Zeiten.

So war es, so ist es, so wird es immer sein.

Wir weinen bei all dem Leid dieser einen und aller anderer Welten.

Gefallener Engel

Gefallener Engel, fiel ihm ein, so plötzlich beim Durchsehen der vor kurzem noch endlos scheinenden Bücherreihen in der Stadtbibliothek, aus den Himmeln in eine der Höllen hinabgestoßen und wiedergeboren als Mensch.

Und dann steht da ein kleines Kind, ein Mädchen an der Hand ihrer Mutter.

Du siehst sie an, die einst eine Frau sein wird.

Sie schaut zurück.

Sie sagt kein Wort. Still betrachtet sie dich. Dann lächelt sie.

Du aber fragst dich, was sie von dir weiß, was du längst vergessen hast.

Mag auch sein, dass wir beide uns kennen, in einer anderen Zeit auf einer anderen Welt zusammen waren, uns liebten, vielleicht.

Nun aber leben wir, der eine älter, die andere jünger, in Menschenkörpern auf Erden und sind uns für einen Augenblick begegnet, jetzt und hier und niemals mehr.

Das Ende der Erde

Die Arme zur Seite gestreckt verharre ich hier an diesem Ort, ein Menschenkreuz.

Und sie werden schwerer und schwerer.

Und in mir schreit es. Und auch mein Mund ruft in die Nacht: »Helft mir!

Doch niemand antwortet, niemand kommt.

So sinkt der linke Arm hinab.

Und die Welt links von mir vergeht in einem Augenblick, verlischt, und es ist, als wäre sie niemals dagewesen

Und nun wird auch der rechte Arm immer schwerer.

Und so geschieht, was geschehen muss: Auch mein er sinkt langsam nieder.

So geht die andere Seite der Welt dahin.

Und die Erde gibt es nicht mehr.

Und in mir steigt auf das Lied der Engel.

Also singe ich wie all die anderen auch, deren Welten vergangen sind wie die Erde auch.

So preisen wir Gott, den Herrn! Halleluja! Allah u Akbar – Gott ist groß!

Doch Gott ist nicht hier in diesem Universum, sondern jenseits aller Welten.

Und Gott ist in allen Dingen, also auch in uns, also auch hier.

Und meine Augen weinen Tränen.

Denn ich war ein Mensch und lebte unter Menschen.

Denn ich bin ein Gefallener Engel.

Denn wir alle weinen in der Schwärze Tränen, die Universen gebären.

Tropfen fallen in die Kälte des Alls und treiben in alle Richtungen davon.

Und dort, wo sich zwei von ihnen vereinigen, wird ein neues Universum geboren.

Ewigkeiten könnten vergehen, bis es geschieht, wenn es denn hier an diesem Nichtort Zeit gäbe.

Doch Raum und Zeit gibt es nicht, also kann auch nicht geschehen, was geschieht.

Weltenschöpfer sind wir.

Und wenn das Eine vergeht, wird ein Anderes geboren.

WIR

Wir alle dort oben

Aus uns

Aus uns fließen
Zeiten und Räume in Räumen
Sonnen aus Schwärze
Planeten aus Staub

Aus uns
das Wort
die Welt
der Klang

Einfall

So erheben wir uns

welch ein Brausen!

aus allen Wassern der Erde zugleich

und kreisen und kreisen im Wind

der wird zum Sturm

und weht empor

im Licht der Vollen Mondin

hin zu den Sternen

Ich sehe dies alles

- in mir

und weine

Weil es so war?

Weil es so ist?

Weil es sein wird?

Ja und nein!

Denn ich bin einer von Vielen

die all dies tun

zu einer Zeit

zu keiner Zeit

immer und immer wieder

bis in alle Ewigkeit

ER und alle

ER ist gegangen und nicht gefangen.
In hellen Tälern und dunklen Bergen.
Dort findest du ihn wieder

Und die Erde bebt
Und die Himmel reißen auf
Und ich weine noch immer
Weil alles vergeht?
Weil alles entsteht!
Immer und immer wieder von Neuem
das Leid, das Licht, Lachen und Weinen
und Wahnsinn und Krieg

Wir blicken auf
Der Himmel, die Sterne schmelzen
...
Schwarze Punkte im weißen All
Das ist das große Negative
Das ist, wo ES ist, das ist T-Her

Himmel und Erde

Das fließende Wasser
ist stärker als der ruhende Berg
Und alle Meister, alle Dämonen, alle Künste
müssen der Erde und dem Himmel weichen
Himmel und Erde sind ewig
Welch eine Erkenntnis!

Er weint. Sitzt dort halb aufrecht in seinem Bett. Vor seinen Augen und tief in ihm läuft der chinesische Film Meister des Schwertes ab.

Er schaut, er hört das Jetzt.

Jetzt ist alles, jetzt!

»Ich bin, der ich bin, der ich bin ...«, spricht es in ihm, immer und immer wieder.

Er weint.

Er lauscht einem Lied, während seine Seele endlos diese Worte murmelt:

»Ich bin, der ich bin, der ich bin ...«

Welch ein Mantra!

Weinend lächelt er, lächelnd weint er noch immer.

Nichts ist da mehr außer ihm - außer mir, denn:

»Ich bin, der ich bin, der ich bin ...«

Dann schaust du ehrfurchtsvoll nach oben und unten, außen und innen, blickst zu deinem Schöpfer auf, dessen Teil du bist, wie all die anderen Wesen und Dinge dieser und aller anderen Welten auch.

»Gott«, singst du, dieses eine Wort in so vielen Sprachen und Tonlagen. Seine Namen murmelst du, sprichst du, schreist du in allen Tonlagen, vom tiefsten Bass, der Felsen erbeben lässt, bis hin zum hellsten Vogelzwitschern und darüber hinaus, mit einem Klang, der Gläser zerbrechen lässt.

All diese Worte, die nur ein Wort sind, singst du IHM

zu Ehren, all diese Worte, die du in diesem, deinem Menschenerdenleben niemals erlernt noch je gehört hast.

Es ist, als hättest du tausend Zungen.

Du hast sie. Sie müssen da sein, denn du singst mit ihnen.

Es ist, als wärest du kein Mensch. Dabei bist du es doch und bist es auch wieder nicht.

Jetzt aber fällt dein Körper.

Deine Seele steigt auf und kehrt zurück ins Himmelsreich.

Ich bin der sein wird

Ich bin

der sein wird

Ich bin

der Schrei

der erwachenden Erde

Ich bin

das Bersten

der Zeit

Schau her!

Meine Hände

tragen

das ewige Licht

Immortales

Es brachen auf
die Tore
der Zeit

Wir treten ein
in Licht
und Duft
und Klang

w i r
Götter nun
wiedergeboren
zum Leben

Kein Dach

Du liegst auf deinem Bett.

Es ist warm in dieser Sommernacht.

Tränen weinst du, denn Buddha geht den mittleren Weg - in diesem Videotraum.

Die Mönche sprechen das Sutra des Herzens: GATE GATE PARAGATE PARASAMGATE BODDHI SVAHA.

Die Form ist die Leere. Die Leere ist die Form. Die Form ist die Form. Die Leere ist die Leere.

Und wieder kehren die alten Bilder zurück: Die Decke deines Zimmers löst sich auf und auch das Dach darüber.

Du liegst auf dem Rücken in deinem Bett und siehst die Schwärze der Nacht, die funkelnden Sterne über dir. Da ist kein Dach mehr, keine Zimmerdecke und auch kein Fernseher, kein Videorecorder, kein Buddha in keinem Film. Und alle Möbel und alles, was du einst besessen, von dem du einst besessen warst, alles zerfällt zu Leere, also auch dein Bett, auf dem du liegst, die Kissen und die wollene Decke. Nichts von all diesen Dingen existiert jetzt mehr.

Und nun verschwinden ins Nichts Finger, Hände, Arme, Zehen, Füße, Beine, Geschlecht, Bauch und ...

Das Herzsutra. Mein kleines zuckendes Herz, einst gewachsen, dann erkrankt, geöffnet, genäht, mit Kunstteilen versorgt, gehegt und gepflegt, schlägt nicht mehr, schlug nie, wird niemals schlagen, schlägt nicht - ist nicht. Und Hals und Kopf und Hirn, auch die Schwärze der Nacht, die Sterne und diese Erde ...

Wir alle erwachen aus Traum und Schlaf, Gedanken, Angst und Illusion.

Wir alle hören den großen Ton, den der Schlag der einen Hand im All, im Nichts erklingen lässt.

Wir sind die Hand.

Wir sind das Nichts.

Wir sind der Klang.

Wir sind das All.

Alles sind wir.

Erweckt werden wir von diesen Worten, von diesem Gesang begrüßt:

GATE GATE

PARAGATE

PARASAMGATE

BODDHI

SVAHA

Kotau

Niemals wieder sollen Menschen vor Menschen knien noch sich vor ihnen verneigen, sondern nur vor GOTT.

Denn Menschen sind Menschen, und GOTT ist GOTT.

So kann kein Mensch mehr als ein anderer Mensch sein.

So sei es, von jetzt an bis in alle Ewigkeit.

Denn die Vergangenheit ist vergangen. Gegenwart lebt.

Und Zukunft lacht einer neuen Menschheit entgegen.

Lachen, weinen, lächeln

Wir schauen uns um - und lachen.

Denn all die Großen - Kleinen Götter um uns sind wie Menschen, nicht anders, ein wenig größer zwar, mächtiger und älter, aber doch nicht anders.

Denn auch sie, denn auch wir wurden geboren.

Denn auch wir leben nicht ewig.

Denn auch wir werden sterben.

Wir sehen, wir hören und fühlen - wir leiden mit allen Wesen dort unten, hier oben und allüberall.

Vor einem Augenblick noch lachten wir, jetzt weinen wir, und schon lachen wir wieder.

Dann aber ist nur noch Lächeln.

Leuchtendes All

Diese Wolken brennen rot, denkst du, während deine Augen grüne Tränen bluten.

Strahlend gelb leuchten die Himmel in dieser Nacht der Nächte dort oben über dir.

Und schwarze Sterne kreisen rasend hinter deiner Stirn.

Alles Leid aller Welten aller Zeiten brandet gleich den Wellen an diesem einen schwarzen Strand aus Licht, in dem du stöhnend vor Lust und Schmerzen liegst und träumst.

Du träumst einen schwarzen Kosmos, in dem weiße Sterne leuchten.

Wie seltsam aber auch!

Ob es ihn wirklich irgendwo gibt?

Oder hast du ihn jetzt aus dir geboren?

Die träumenden Götter

Irgendwann irgendwo
fand ich sie in meinen
verlor ich mich in ihren
Träumen Träumen
Träumen?

Schlafend trieben sie dahin
auf leuchtend grünen Wolken
Aber ihre Augen sah ich nicht
zuckten hinter goldenen Lidern

Denn Ich bin Wir
und Wir sind All!

Weiße Wand

Weiße Wand

aus Feuer

brennend

die Meere

Sternenstaub

aus unseren Händen

Wir

Wir riechen, wir hören, wir sehen

Wir fühlen, wir wissen

Wir schweigen und weinen und lachen

Wir lächeln

Wir gehen, wir schwimmen, wir schweben

So ziehen wir dahin

Durch die Welten ohne Zahl

Wir alle dort oben

Überall, wo Leben ist, sind wir

In allen Wesen

Also auch im Menschen

Und ich bin hier

Und was ich wahrnehme

mit Menschensinnen

das nehmen wir alle wahr

Denn ich bin gesandt

aus den Himmeln geworfen

gegangen, geschickt

ein Teil vom Ganzen

von uns allen

So sehne ich mich zurück, umso mehr, je älter ich werde, je näher mein Tod als Mensch hier unten rückt.

Mit geschlossenen Augen sehe ich, leuchtenden Fäden gleich, uns dort oben stehen, wie Wellen gehen, körperlos, dem Leben gleich und doch ganz anders. So sind wir zwischen den Sternen und in den Planeten und allem anderen in diesem Kosmos und jenseits in allen anderen Dimensionen.

Wo mein Wille wirkt

Wo mein Wille wirkt
dort wanken Berge

Feuer
ist der Hauch
meiner Seele

Brennend
sinkst du nieder
der du mich schaust

Leben nach dem Tod

Vom Jenseits

Ist ja doch alles sehr menschlich.

Was?

Nun, das, was wir als gut und böse einstufen, weshalb wir in den Himmel oder die Hölle kommen sollen, wenn wir sterben, gestorben sind.

Wenn es also ein Leben nach dem Leben gäbe, im Jenseits, dort oder dort oder sonstirgendwo, oder aber Wiedergeburten in Menschenhöllen auf Erden, ja, wer sorgte dann an diesen Orten für die geordneten Abläufe, wenn nicht Engel, Teufel oder andere Wesen, die wie wir Menschen sind?

Ja!

Gott jedoch thront nicht im Himmel, ist nicht wie der Teufel, ist jenseits von menschlichen Werten und Himmel und Höllen, wie wir sie uns vorstellen, ist mehr als das Abbild eines Menschen, nicht der alte Mann mit Bart.

Und doch sind alle Dinge ein Teil von Ihm, also ist er *auch* ein Mensch und Engel und Teufel und Erde und Himmel und Hölle und All.

DIE KLEINEN GÖTTER

Das aber sind Menschen

die schreiben, die malen

Skulpturen und Filme erschaffen

- und Welten

in denen Wesen leben

die sind wie wir, sind Menschen

welche Gestalt auch immer

sie haben mögen

Kleiner Gott

Einst träumte ich, ein Gott zu sein. Ja, so war es, bis ich eines Tages merkte, dass ich längst einer war, natürlich nicht Gott, sondern ...

Die meisten von ihnen dort unten aber, die meisten dieser Menschen wussten es nicht. Sie lebten so weiter, wie sie lebten. Einige wenige unter ihnen aber sahen empor.

Was wussten sie? Erahnten sie mich?

Sie wussten von mir. Sie litten und schrien. »Vater!«, riefen sie und sahen mich an, ohne mich zu erblicken. Denn das konnten sie nicht, könnten sie niemals.

Ich aber sah zu, hörte ihre Schreie und Bitten und Gebete - und ließ sie dennoch leiden.

Manchmal aber ließ ich sie einfach so sterben und nie wieder auferstehen. Ich hätte es gekonnt.

Dann wieder weinte ich um sie.

Oder aber ich vergaß sie für lange Zeit.

Denn ich hatte sie alle erschaffen.

Denn ich schrieb ihre Leben auf Papier.

Und nun frage ich mich, wer ist es, der mich, uns alle erdenkt, erschafft?

Wer ist *unser* Schöpfer?

Traumgestalten

»Wir alle sind Traumgestalten in den Träumen der Kleinen Götter.«

»Nicht mehr?!« schreist du und fügst nach einigen tiefen Atemzügen traurig hinzu: »Dann wären wir also nicht real und nicht nur wir, sondern alles ringsum, die ganze Welt nicht mehr als ein Traum?«

»Ja«, antworte ich dir, so ist es, wir leben in ihren Träumen, doch hier existieren wir wirklich.

Und wir sind viel mehr, sind Wesen wie sie, denn auch wir erschaffen Menschen und Tiere, Welten voller Leben in Wäldern und Wiesen, Steppen und Wüsten, Seen und Meeren und in der Luft hier auf Erden und anderswo im weiten All. Gestern und heute und morgen kämpfen wir dort mit Schwert und Gewehr, fliegen in Raumschiffen durch das All, gründen Siedlungen und Städte und lieben uns, opfern uns und ... All dies ist unseren Träumen entsprungen und aufgezeichnet in Büchern, Filmen und virtuellen Räumen. Und deshalb behaupten wir, all das würde nicht wirklich existieren, denn wir haben es uns ja ausgedacht.

Und solches tun auch die Kleinen Götter, die unsere Welt und uns erschufen.

Und jetzt frage ich mich: Ist es wirklich so? Oder aber wer oder was hat sich die Kleinen Götter erträumt?

Und ich schließe meine Augen, entspanne mich und sehe, verstehe, weiß. Ich öffne meine Augen wieder und schaue dich an, und mein Mund spricht die Worte: »*Sie* sind wie *wir* Traumgestalten, von anderen, größeren Wesen oder aber von Gott selbst erträumt. Wie wir existieren sie in ihrer Welt und denken von sich, sie allein wären real.

Und so ist es bei ihnen und bei uns. Erträumt existieren wir alle, wenn auch auf verschiedenen Ebenen.«

Das aber ist der Blick in schwindelerregende Höhen und Theorie.

Und nun frage ich dich: Was und wen und welche Welten erträumst du dir in Liebe und Hass und Rache und Fantasie?

Und da geschieht es: Eins der Wesen darin schaut auf und sagt meinen ersten Satz aufs Neue:

»Wir alle sind Traumgestalten in den Träumen der Kleinen Götter.«

Du siehst mich an - erstaunt - und schweigst.

Ich weine.

Meine Kinder

Siehst du?

Jetzt siehst du - sie!

Dort unten.

Und sie schauen auf, weinen, schreien, beten und liegen im Staub, dort unten vor dem Bild, dem Relief und der Statue, die alle dein Gesicht zeigen.

Und du schaust hinab und hörst ihre Schreie und ihre Lieder. Doch ihre Opfer nimmst du nicht an.

»Was habe ich getan?« weinst du in einsame Nacht irgendwo in einer Welt, die nicht Himmel ist noch Hölle, in der Wesen wohnen, die sich Menschen nennen und ihre Welt Erde, in einer Welt, die nicht die deine ist, und doch ...

Sie alle sind meine Kinder. Und ich, ich bin ihr Vater - und ihre Mutter zugleich. Ich bin ihr GOTT! Denn ich habe sie geschaffen, ein wenig nach meinem Bilde und aus mir. Ich habe ihnen mein Wissen geschenkt und sie glauben gelehrt an mich, und dann ...

Und für immer und ewig, sind sie meine Kinder.

Was habe ich nur getan?

Noch einmal schaust du ihnen zu, dort unten, oben, in ihrer Welt. Dann drehst du dich um und wendest dich anderen Dingen zu. Sie aber glauben noch immer an dich, der du sie nun für immer verlassen hast.

Ja, denkst du, vielleicht wiederholt sich alles, und auch wir wurden einst von Ihm geschaffen oder auch nur verändert und dann verlassen. Und manche von uns glauben noch immer, daß ER - SIE uns alle sieht und beschützt. Aber ER oder SIE oder ES wandelt irgendwo zwischen den Sternen, in anderen Welten, in anderen Universen, irgendwo ... so fern!

AUSKLANG

Blick ins Gestern

Du schaust auf
in das Funkeln der Nacht
und siehst die Sterne
wie sie waren vor Äonen
Du lauschst den Klängen
die entstanden
als alles begann

Eins zwei drei

Alles entsteht

Alles vergeht

Alles ist
für immer und ewig

Belletristik von Rainar Nitzsche*

Fantastische Kurzprosa

ATON Vater Sonn. Taggeschichten. 184 Seiten, 50 handsignierte, nummerierte Exemplare, ISBN 9783930304097 sowie als E-Book erhältlich.

Die Mondintrilogie (Nachtgeschichten)

Ruf der Mondin. Lieder der Nacht. 62 Seiten, ISBN 9783980210256 sowie als E-Book erhältlich.

Im Licht der Vollen Mondin. 132 Seiten, ISBN 9783930304042 sowie als E-Book erhältlich.

Mondin-Schein und Sein. 176 Seiten, 50 handsignierte, nummerierte Exemplare, ISBN 9783930304127 sowie als E-Book erhältlich.

Das Schlafende steht auf aus Seinen Träumen. Fantastische Kurzprosa. 204 Seiten, ISBN 9783930304776sowie als Taschenbuch und E-Book erhältlich.

Spiegelwelten deiner Seele. Spiegelgeschichten. 88 Seiten, 50 handsignierte, nummerierte Exemplare, ISBN 9783930304271 sowie als Taschenbuch und E-Book erhältlich.

Still riefen uns die Sterne. Kosmische Geschichten, 164 Seiten, 50 handsignierte, nummerierte und weitere Exemplare, ISBN 9783930304295 sowie als Taschenbuch und E-Book erhältlich.

Spinnentraumgespinste. Spinnenträume und Spinnenbegegnungen. 2. überarbeitete Auflage. 164 Seiten, ISBN 9783930304707 sowie als Taschenbuch und E-Book erhältlich.

Von Engeln, Erleuchtung und Ewigkeit. Meditative Kurzprosa. 3. überarbeitete Auflage, 149 Seiten, ISBN 9783741266621 und E-Book. Rainar Nitzsche / Harald Fuchs, 2. Auflage, 144 Seiten, ISBN 9783930304783.

Mehr Infos zu diesen Titeln und den Spinnensachbüchern finden Sie auf der Homepage: rainarnitzsche.jimdo.com sowie bei Facebook, BoD und Wikipedia. Größere Textauszüge gibt es unter books.google.de

Die Pfadwelten

Die fantastische Reise von Manfred, einem Magier mit der Fähigkeit sich in andere Lebewesen zu verwandeln. Sein Weg durch die Bioregionen der Erde: Suche nach seiner großen Liebe. Kampf mit einem schwarzen Wesen aus der Welt T-Her:

Der Leuchtende Pfad des Magiers. PFAD 1, 186 Seiten, handsigniert, nummeriert, limitiert auf 200 Exemplare, ISBN 9783930304035 sowie als Taschenbuch und E-Book erhältlich.

Wandlungen der Drei. PFAD 2. 194 Seiten, handsigniert, nummeriert: 50 Exemplare, ISBN 9783930304134 sowie als Taschenbuch und E-Book erhältlich.

Wüsten-Berges-Himmels-Weiten. PFAD 3, 180 Seiten, handsigniert, nummeriert, limitiert auf 50 Exemplare, ISBN 9783930304172 sowie als Taschenbuch und E-Book erhältlich.

Ins All - Im Eins. PFAD 4. 208 Seiten, handsigniert, nummeriert, limitiert auf 50 Exemplare, ISBN 9783930304141 sowie als Taschenbuch und E-Book erhältlich.

Der Schneckenkönig von Alexa E. Bach. Leben eines PFAD-Wesens. Suche eines intelligenten Schneckenwesens nach seinen Untertanen in einer menschenleeren Welt, die von Ameisenvölkern beherrscht wird. 76 Seiten, ISBN 9783842355873 und E-Book.

Lyrik

Ewig sein in Stille. Meditative Lyrik. Rainar Nitzsche / Berthold Mallmann, 122 Seiten mit 21 Grafiken, nummeriert, handsigniert, limitiert auf 50 Exemplare, ISBN 9783930304264. Neuauflage Taschenbuch Rainar Nitzsche ISBN 9783741261312 und E-Book.

Klang über den Meeren der Zeit. Harald Fuchs / Rainar Nitzsche. 72 Seiten mit 31 Grafiken, nummeriert, handsigniert, limitiert auf 313 Exemplare, ISBN 9783930304073. Neuauflage Taschenbuch Rainar Nitzsche ISBN 9783738643411 und E-Book.

OM oder Das Rauschen der scheinbaren Leere. Meditative Lyrik. 80 Seiten, nummeriert, handsigniert, limitiert auf 316 Exemplare, ISBN 9783930304028 sowie als Taschenbuch und E-Book erhältlich.

wir ... menschen der erde. Natur, Untergang, Hoffnung, Neuanfang, Aufbruch ins All. 72 Seiten sowie als Taschenbuch und E-Book erhältlich.

Die Zeit der Bäume. Rainar Nitzsche / Harald Fuchs, 60 Seiten mit 23 Grafiken, nummeriert, handsigniert, limitiert auf 304 Exemplare, ISBN 9783980210249 sowie als Taschenbuch und E-Book erhältlich.

Fotokunst

Künstlerisch verfremdete Fotografien mit fantastisch-lyrischer Kurzprosa.

Aliens, Baumkunst, BuntBunt, Höllenkunst, Kunstwelten, Naturkunstwelten.

Spinnen fantastisch verfremdet, Fantastic Spider Worlds, Spinnenkunstwelten, Spinnenkunstwelten 2.

Olaf Olsen*

Die Meere des Wahnsinns. Wenn sich die Grenzen verschieben. Original: 72 Seiten mit 23 Abb. von Dr. Rainar Nitzsche, ISBN 978-3-930304-30-1 sowie als Taschenbuch und E-Book erhältlich.

Höllen-Fahrten-Leben-Träume. Alltäglicher und wahrer Horror auf Erden und andernorts. Original: 156 Seiten mit 51 Abb. von Dr. Rainar Nitzsche, ISBN 978-3-930304-31-8 sowie als Taschenbuch und E-Book erhältlich.

ES bricht hervor aus dir. Horrorgeschichten und -gedichte. Das dritte Buch vom „Irren" aus der P(f)alz. Original: 102 Seiten mit 42 Fotokunstwerken von Rainar Nitzsche, ISBN 978-3-930304-49-3 sowie als Taschenbuch und E-Book erhältlich.

*: Ein Pseudonym von Rainar Nitzsche?
Ja, weshalb sonst sollten seine Werke hier aufgeführt werden!